LYRIKEDITION 2000

begründet von Heinz Ludwig Arnold †

herausgegeben von Florian Voß

Markus Breidenich, 1972 in Düren geboren, studierte Physik in Aachen. Promotion am Max-Planck-Institut für Kolloid- und Grenzflächenforschung in Potsdam. Seit 2003 ist er Patentprüfer am Europäischen Patentamt in München. Bislang erschienen in der Lyrikedition 2000 die Gedichtbände »Das Pochen der Echolote« (2009) und »Am Milchstraßenrand« (2010). Weitere Veröffentlichungen in Zeitschriften und Anthologien, u. a. in »lauter niemand«, »außer.dem«, »Poetenladen«, »Krautgarten«, »Jahrbuch der Lyrik« (2009 und 2011). Er ist Mitglied der Gruppe »Reimfrei«.

Markus Breidenich

Anemonenbesuch

Gedichte

LYRIK
EDITION
2000

Weitere Informationen über den Verlag und sein Programm unter:
www.allitera.de

Weitere Informationen über die Lyrikedition 2000 unter:
www.lyrikedition-2000.de

März 2015

Lektorat: Florian Voß, Berlin
Umschlaggestaltung: Buch&media GmbH, München
Printed in Germany
ISBN 978-3-86906-739-1

Nicht müde werden. Nicht hier.
Wir durchqueren noch einige
Korridore. Luftanhalter
nach Süden. Über den Hügeln
ist Rückenwind. Und wir
fliegen noch weit, bis wir schlafen.

I Die übliche Schau des Himmels

Aus den Schriften der Steine

Vom Untergang wusste ich wenig.
Zur fraglichen Zeit
ging ich mit Katern spazieren. Nichts
an ihrem Verhalten war ungewöhnlich.
Nur Regen fiel.

Dass die Tage wieder länger würden,
las ich am Sonnenstand
zwischen den Felsen. Einmal
fiel erstes Licht auf den Schlafzimmertisch.
Der Morgen begann heimlich, ohne Aufsehen.
Nur die übliche Schau des Himmels. Amseln
blieben unbemerkt.

Die Eingeweide meines Kanarienvogels
ließen nichts Gutes ahnen. Vom Keller her
krochen Maden über meine Hand, die ich
zu mir nahm wie Freunde. Sie waren
die Vorzeichen der Asternplage,
Heimsuchungen zwischen Häusern,
Gärten und Wegrändern. Längst
zogen über meinem Kopf Graugänse
an den Fäden, und im Rhythmus
ihrer Flügelschläge bewegte ich mich.
Was aussah wie Veitstanz oder
schlängelndes Leben, war Ausdruck
meiner inflationären Sorge.

Über den Junihimmel
zog der Komet seine Bahn. Ich
betrachtete letzte Dinge. Unzählige Blumen
überfüllten die Vasen. Später

nahm ich Tusche und Feder.
Alles kam plötzlich,
während die Katzen miauten.

Als die Sonne verschwand,
war ich neunzehn, die Erde graugrün.
Den Bimssteinen hinterließ ich Name und Anschrift.

Traum I

Alles ist unumgänglich. Grashalme
versperren den Weg. Nach dem Sturm
sind die Wolken zerzaust. Und die
Nähte zwischen den Feldern gerissen.

Auch das Dach über meinem Bett
ist abgedeckt. Schwalben fliegen
unter den Balken. Auf die
losen Pflastersteine im Hof ritze ich

Sterbetage meiner Katzen. Ich
werfe kleine Schatten unter die Fugen.
Regen fällt über mein Sofa. Zwischen den
Überresten meines Schreibtisches wächst Klee.

Traum II

Damals änderte sich mit einem Mal
alles Leben. Farne standen vor
meiner Haustür und baten um Wasser.

Ich tanzte eine Weile, bis es regnete.
Später schob ich den Nimbus fort.

Schatten warfen sich hinter mir in den
Staub, als ich einkaufen ging.

Die Luft stand Kopf. Mehrmals am
Tag schien die Sonne von unten herauf.

Ich begann, ihr entgegenzugehen,
über die Kellertreppe, durch die
Bodenplatten, Steine. Und zurück.

Aus Stundenbüchern

Es besteht kein Anlass für Richtwerte.
Wir sprechen aus Erfahrung, wenn wir beten.

Dies hier ist Blumenerde ohne höheres
Wesen. Unser Garten. Wie jeder andere auch.

Die Mittage, die wir mit Salatköpfen verbringen.
Erholsame Stunden der Photosynthese.

Unser egozentrisches Weltbild eine Karte mit
nach außen hin größer werdenden Zäunen.

Wir sprechen von Monotheismus, wenn die
Klatschmohnblätter kein Ende nehmen.

In den Subkulturen gedeihen Neuweltrosen,
Felsen auf den Nährböden der Petrischalen.

Zeit, die reif ist für jede Wiedereröffnung der
Kelche, kennt weder Narben noch Geheilte.

Ich bin nur noch selten hier. Wenn ich
nachts zwischen den Steinen nach
Nahrung suche oder Tautropfen in den
Grünstreifen, die ums Haus laufen.

Ich höre den Wolken zu, wenn sie
mit einiger Verspätung über den Himmel
ziehen und ihr schleifendes Geräusch
den Fahrtwind begleitet, den sie lieben.

Von Zeit zu Zeit finde ich Wasseradern.
Ihre Netze haben rautenförmige Maschen
und verlaufen von Süden nach Norden.
Ich stelle mein Bett unter eine Birke.

Auch bei Vollmond schlafe ich unter
ihren silbernen Blättern. Ungestört von den
Strahlen oder Sternschnuppen, denen ich
meine Wünsche hinterherrufen müsste.

In manchen meiner Träume kommen
Zäune vor, Mauern, auf denen ich Käfer sehe
oder Raupen, die nach oben kriechen.
Denn meine Nachtsicht ist grenzenlos.

Aus Bronzezeiten

Oft bin ich unsichtbar, und du weißt nicht,
was es bedeutet, den Schneewolken seine
Aufwartung zu machen. Sie sind mit dem
Einbalsamieren der Felder beschäftigt.
Leinentücher gehören in ihren Besitz. Die
Haut streift bei jeder Gelegenheit über
Eiskristalle und glättet sich leicht. Wo
Hände erfrieren, bleibt dunkles Gewebe
zurück, das im Innern von Gletschern
verschwindet. Meine Waffen sind stumpf,
das Fell über dem Rücken ist abgetragen.
Du kannst der Lage meiner Arme etwas
Gleichgültiges entnehmen und der Sprache
der Höhenwinde meine Autobiografie. Ich bin
der Stummzeuge meiner Gegenwart. Du findest
mich oft bei den Steingärten über den Wiesen.

Auch wenn das Leben der Mauersegler in Flügen vergeht,
haben auch sie ein Recht darauf, in den hintersten Winkeln
der Hochsitze Unterschlupf zu finden, wenn der Wind dreht.

Leben ist, von der Gerechtigkeit unter den Ahornbäumen
einige Zweige abzuschneiden für später. In den Sekunden,
in denen die Grünfinken dreizehn Flügelschläge machen

und die Gänseblumen viereinhalbmal im Wind über den
Grashalm streifen, der unter ihnen wächst. Nichts anderes
als ein Naturgesetz ist das Werfen der Schatten mit Federn.

Aber wahr ist auch, dass der Himmel
vier Ecken hat. Eine für jedes Ende.
Immer, wenn Oma zu Besuch kommt,
wische ich den Staub aus ihnen heraus.
Oma geht mit dem kleinsten Finger in
alle Winkel und prüft, ob sie sauber sind.
Auch die Luft muss rein sein, wenn ich
sie einlade auf ein Stück Streuselkuchen.
Oma ist alt geworden, aber immer noch
schnell wie der Wind. Sie sagt, sie gehe
achtmal täglich spazieren und neunmal
am Abend aus. Die Mühlen des Herrn
mahlen langsam, aber sicher, sagt Oma
nachts vor dem Gebissrausnehmen.
Unten im Tal stehe ein Wasserrad
und mit neunzig gehe sie den
Bach runter. Bis dahin wolle sie Kaffee
mit Milch. Ich gieße Woche für Woche
die Blumen, zupfe Unkraut aus den
Wolken und lockere die Erde. Omas Haar
ist immer noch aschgrau wie auf den
Farbfotos von meiner Taufe. Im
Waschbecken spüle ich Untertassen und
bete. Oma solle mich, solange sie noch
fliegen kann, mehrmals täglich besuchen.
Ich lasse die Dachluke auf und verschwinde.

Ich trage Schlafanzüge mit schwarzer Krawatte auf weißem Hemd. Mein Kundenkontakt während der Nachtschicht beschränkt sich auf hoffnungslose Fälle. Über den Dächern berate ich Entschlafende, die ihren Weg suchen. Jede Karriere verläuft anders, sage ich. Früher zum Beispiel, als man noch täglich sein Tablett aus der Kantine über die Regenrinne zurück zur Geschirrausgabe brachte, war es vom Tellerwäscher zum Millionär nur ein Katzensprung aufs andere Haus. Heute ist der Weg vernebelt und in manchen Zeiten kaum zu erkennen. Ich rate zur Vorsicht bei Neumond. In meinem Geschäft entscheiden über Aufstieg und Fall nur die sichere Balance und der beständige Glaube an die eigenen Träume. Jede Form der Selbstverwirklichung, die mit Aufwachen verbunden ist, endet tragisch. Die meisten kehren ins Leben zurück und gründen Familien. Viele von ihnen werden alt und vergesslich, was ihre Zeit über den Giebeln betrifft. Sie leben bescheidene Leben in Dachgeschosswohnungen oder Reihenhäusern und sind, von den Stunden abgesehen, in denen sie Ruhe finden, schlaflos.

Wenn es wahr ist, dass es über den Bergen
leichter wird – die Körnung der Wolken, alles
unter den Hängen, sieben Winde, die ziehen –
spielen in meiner Form des Abendlichts
Rottöne eine unbedeutende Rolle. Ich lese
in den Hochglanzspalten des Eises kein
leises Wort. Von der Hand in den Mond
leben heißt, seltsam sein, Staubkörner
sammeln für später. Der Weg, der hier oben
endlos ist, hat weder Höhen noch Tiefen.
Ich fahre über den Kraterrand. Daumenhoch
liegt Schnee neben dem Meer. Die Luft
über allem ist dünnhäutig. Blaustichig. Taub.
Wie die Westentasche meines Federkleids
kenne ich die Fluglinien der Sternschnuppen.
Unter den Siebenmeilenstiefeln meiner Erd-
uniform liegen Kalksteinplatten. Dem Morgengrau
hinterlasse ich meinen Breitengrad und die Uhrzeit.

Höhere See

Auch ich hatte meine Seligkeiten. Kopfasche,
die ich über den sieben Maulwurfshügeln in den
Nordwind streute. Mein verschleierter Mund.
Die Großwetterlage hinter den Holzstapeln.
Zerstobener Niesel, gerastertes Grün. Ich fraß
auch das Birkenlaub in mich hinein. Meine
Fossilien unter den Straßenpflastern. Die
spurlos verschwundenen Bernsteinzimmer
eingeschlossener Fliegen. Ich sah, wie das
Meer in die Vorgärten stieg, die Keller der
Baumhäuser flutete. Zugezogener blieb ich, ein
Zeitgenosse der Mauersegler. Mein Hausboot
neben den Silbertannen, die Zwischenwände
des Flures. Ich hatte Kielwasser in meinen Federn.
Dreißig Ahornrinden schrieb ich vom Untergang.

Was nach uns kommt?
Auf Tropfsteinpflastern.

Die Summe aller Gehwege.
Von einer Nacht in die nächste.

Ein halbherziges Durchschlagen
zwischen Keilschriftreklamen.

Das Land, auf dem wir leben,
ist unbewohnt geblieben.

Der Briefkasten
vor dem Höhleneingang.

Für die namenlosen
Empfänger einer Inschrift.

Was wir sagen, wenn sie
nach Hausnummern fragen?

Dass sie höher sind. Auf
Nachkommastellen gerundet.

Dass wir antworten werden.
Mit Rauchzeichen.

II Im Untergrund leben noch andere

Wie man das aushält.
Dass man drinnen ist.
Und die Haut über den Dingen.

Wie man spätabends noch
auf den Bus wartet. Wenn es
sein könnte, dass er nicht kommt.

Dann zu Fuß geht. Dann
auf Händen. Kopfüber in
den Regen. In den Wald.

Wie das zugeht. Wie das
sein kann. Das mit den Augen.
Dass es immer so bleibt.

An den Nachmittagen, an denen ich
ehrlich bin, rede ich wenig.
Zwar ist der Selbstbetrug verjährt,
aber verraten könnte mich immer noch,
dass ich mit sieben Lokführer war und
mit acht einen Regenwurm überrollte.

Die Fauna in meinem Schneckenhaus
ist ausgetrocknet, und der Kaktus auf
meinem Schreibtisch längst Biogas.

Das Leben, das sich hinter meinen
Augen abspielte, als ich dreizehn war,
hat sich eingebrannt in meine Haut.
Ich trage immer noch Schmauchspuren
an den Fingerkuppen von damals,
als ich mit einer Wasserpistole
Feuer löschte.

Mit achtzehn fuhr ich
Landstraßen lang. Alles,
was an Waldrändern und
Wiesen stand, trocknete ich in Büchern.
Einiges davon weiß ich heute noch.

Ich pflege mein Innenleben
in Herbarien zu verbringen.
An Abenden, an denen ich
Blätter vor den Mund nehme,
schreibe ich.

An den Landenden

Meine Lage Nord und
das Meer, mit dem ich lebe, selig.
In den Gleichstromkreisen
der Heringe grünen die Algen.
Die Abendbeleuchtung der
Beringstraßen ist natriumgelb.

Ich liebe arktisches Eis mit
Pistaziengeschmack und
am anderen Morgen den
waldbeerfarbenen Schnee. Die
Böden sind weich. Die Täler
tief. Still meine Katzen auf Grund.

Zuhause ist da, wo Grindwale
sind. Wo Gestrandete sind, ist die
See. Meine Häuser aus Kalk sind
abbezahlt. Mein Grundstück
bewässert und fahl. Grau ist der
Strand, auf dem ich geboren bin.

MEINE UNTERLAGEN. Biografische Randnotiz.
Was weiß ich von den Buchstabensuppen?
Außer den Anfangsnudeln meines Namens.

Habe ich Weisheit erbeten von oben? Die
wenigen Dinge, die ich nicht ändern kann
zu erkennen und herunterzuschlucken?

Was weiß man von den Überresten der Speisen?
Dass sie innerlich sind. Oder einverleibt.
In sich hineingefressen bis zur Unkenntlichkeit.

Dass sie leblos sind in ihrer Art, köstlich zu
sein. Bis einem die Wörter wieder einfallen,
die man gesucht hat. Nachmittags um drei.

Der luftleere Raum über dem Balkon.
Ich sammle Lotusblüten. Aus meiner
Perspektive als Meeresbewohner und
Grundwasserbesitzer. Unterseeisch.

Nichts bleibt den Fischaugen an meiner
Wohnungstür verborgen. Auch das
Leben des Flures ist aufrecht und hat
eng anliegende Ohren. Ich schwimme.

Mein Tag ist von Wellen gezeichnet. Ein
auf- und absteigendes Wandern in
weitläufigen Jeans. Meine Riffmaisonette
mit übrig gebliebenem Treppenhaus.

Früher Ammonitenlook. Noch im Stil
alter Korallenbänke. Kalkweiße Wand.
Ich halte mich oft an Atlanten, wenn die
Urlaubszeit naht und die Kreuzfahrer

ihre Zeichen im Boden hinterlassen. Lange
vor den untergegangenen Mondvierteln
meiner Heimatstadt. Auch ich liege im Bad.
Ein wenig in der Sonne. Dann links.

Ins Taglicht der Kieselalgen getaucht.
Vor Schlafzimmervorhängen. Seegras.
Es leben im Federkern meines Bettzeugs
zwei fliegende Fische und Schwäne.

Stillleben

Alle Nachtwachen setzen Patina an.
Wie viele Leinwände und Decken
habe ich um mich geschlagen?

Mein Bekenntnis zur Farbe.
Ich stelle mir Öl vor, das aus
Töpfen quillt und ins Meer fließt.

Meine Kopfkissen versteinern, wenn
die Federn mit Pinselhaaren verkleben.
Ich habe mir den Morgen ausgemalt

mit Rissen auf der Wasseroberfläche
und abblätterndem Tau. Den Strand
säubere ich täglich mit deckweißen Laken.

Mein Tiefschlaf ohne Grund. Ich hänge herum,
wenn ich nachts keinen Boden unter den
Füßen habe, aber eine Decke mit Haken
über dem Kopf. Wenn ich aufstehe, bin ich
gerädert. Die Art meiner Hinrichtung ändert
sich täglich, aber die Zahl meiner Leben nie.

Seit meinem Schuldspruch rasiere ich mich
elektrisch. Morgens vor dem Spiegel murmele
ich etwas in meinen virtuell existierenden Bart.
Dass ich nie etwas getan habe, liege an meiner
Faulheit. Zu schwer, ein Messer zu heben und
oberhalb des Kropfes Stoppeln zu schneiden.

Was den Abend betrifft, pflege ich ein wenig
vor mich hin zu leben und rückblickend darauf
zu hoffen, nicht allzu weit entfernt zu sein.
Die Zeugen meiner Anklage – vor einigen
Jahren gestorben – hinterließen mir ein
Gartenhaus mit gläsernen Zäunen und Meerblick.

Seither wächst alles an mir über mich hinaus.
Die Zellen, in denen ich lebe, sind diploid. Ich
spreche zu meiner Verteidigung in doppelten
Chromosomensätzen. Alles Weitere überlasse ich
den Schicksalsschlägen meiner Wimperntierchen.
Einmal im Monat bekomme ich Anemonenbesuch.

Nirwana

An Lebtagen, an denen ich spiegelverkehrt aufgestanden bin, lasse ich alles um mich herum links liegen. Was kümmern mich die Symmetrien meines Angesichts? Ich verlasse mich auf meinen Stirnlappen, während ich Staub wische. Wie viele von den Dingen, die sich hinter mir abspielen, sind Zukunftsmusik? Ich poliere Scheiben. Wechsle ich rückwärts gewandt meine Seite? Der Anachronismus der Tonträger ist schwarz. Meine Generation, die unter Nadeln aufgewachsen ist, liebt Zwergkiefern und Fichten. Wenn der Wind von hinten nach vorn durch den Garten pfeift, biegen sich die Spitzen und die Wäsche trocknet links herum. Auch viele meiner Platten sind Singles geblieben. Alles Selbstverliebte an mir beruht auf Gegenseitigkeit. Auf der Oberfläche meines Gartenteiches sind Kratzer. Selbst ich habe meine Ecken und Kanten. Es dreht sich, wenn ich aufstehe und das Schwarz vor den Augen Risse bekommt. Mein Bild besteht aus Rillen, wenn ich lächle, und aus Horizontschlieren auf Fensterglas. Ich wienere den Boden unter meinen Füßen. Standhaft bleibe ich und hoffe, dass mein Spiegel nicht oben und unten vertauscht. Ich hänge ungern kopfüber von der Decke, wenn ich kehre. Alles Innere nach außen, richtig rum.

Retortenguss

Alltagsgeschimmere. In den glasierten
Überzügen. Nadelgestreift. Meine
unterzuckerte Seele. Halblang. Durch
den Morgentau gezogen. Noch feucht.

Ich atme. Die Luft in den Nebelkammern.
Von Erdboden verschluckt. Auch die
Süßstoffe meiner Anzüge. Spurlos.
Den Allesklebern der Blattläuse

verdanke ich Haltung im Blätterwald
meines Schreibtischs, den ich langsam
vor mir her schiebe. Bis an die Lichtung
neben dem Fenster. Mit Beerengeschmack.

LANDEINWÄRTS meine Randbemerkungen.
Flicke die Wolkenbrüche mit Klebestreifen.
Am Horizont Sanddorn. Ein Bündel Scheine.
Ich sehe optimistisch ins Leere.

Wider die hausgemachten Krisen
verputze ich Nordwände. Wasserfest die
Flechten im Fenster. Ich kratze an Scheiben,
dann tausche ich Glas gegen Wind.

Fingerfarben trage ich daumendick
über den Hof. Die Eimer mit Blaulicht
neben der Einfahrt. Mahnung und Hoffnung.
Sie geben dem Luftraum über den Köpfen

einige Meter Freiheit. Ich male
mir mit Jahreszahlen der Sternsinger Wolken aus.
Bedeckt. Mein aquarelliertes Gelände. Das Haus
saniere ich freskenhaft mit angesparten Motiven.

Bin im Ruhestand vor dem Sturm mit
Isolieren beschäftigt. Die Wände und Apfelbäume,
tragend, verkleide ich bunt. Eines Tages
werden die Kernhäuser und Steine wertlos sein.

Im Grundbuch meines Gartens stehen Nelken.

Kaltmieter

Ich halte mich schneebedeckt, wenn ich nachmittags über die Hänge streife und Flocken atme. Auf den Dämmschichten der Landschaft bin ich Leisetreter. Von Natur aus windstill unter abgehangenen Wolkendecken. Ich liebe die Altbauten der Füchse. Und winterschlafende Igel. Meine Waldböden sind Ahornparkett, und die Außenverkleidungen Gletscher. Das Sofa aus schwarzem Eisbärenleder steht am Höhleneingang neben der Tür. Ich betrete mein schallisoliertes Haus über die Lichtung. Weil die Schneekatzen hellhörig sind, trage ich Lammfellschuhe und Federkleider. Aus den Wasserhähnen tropfen Eiszapfen, wenn ich aufdrehe. Die Schneekönigin meines Bienenstocks liegt den Winter über in meinem Bett. Bis die ersten Sonnenstrahlen unsere Eisfächer tauen, bleiben wir zusammen.

III Den Stellvertretern der Echtzeit

Ich falle nicht auf, wenn ich
mit dem Zeigefinger über den Bluescreen fahre,
der über mir hängt. Habe ich
den Wunsch, ein wenig hineinzuzoomen,
schiebe ich die Luft beiseite
und vergrößere meine Ansicht auf
zweihundert Prozent. An Tagen,
an denen Wolken über das Display ziehen,
setze ich meine Shutterbrille auf und betrachte
die drei Dimensionen des Himmels als Begleiterscheinung
meines Zweiaugenprinzips. Was mich betrifft,
so habe ich das Wetter und sämtliche Phänomene meiner Umwelt
vorausberechnet. Bis auf wenige Stellen hinter dem Komma
werde ich einkaufen und schlafen gehen. Von einigen
Regentropfen, die mich berühren, werde ich Proben nehmen
und Reagenzgläser füllen, mich fernhalten
von Straßen und Gehwegen, einige Nächte
im Dunklen verbringen, Staubkörner sammeln,
winzige Punkte in meinem Gesicht, die
sich verschieben lassen auf dem Monitor
oder austauschen gegen den Schimmer
einer Straßenlaterne aus dem Hintergrund.

WAS WEISS MAN von seinen Sachen?
Dass sie weiter nichts sind.
Als die Treuhände, die man hält.

Wenn es nieselt und der Himmel
wieder von vorne beginnt,
über allem zu sein. So sehr.

Dass wir uns klammern an Dinge,
die Sonderzeichen sind
auf den Tastaturen unserer Haut.

Verschoben ein wenig. Aus den
Hintergrundbildern ins Blau. Wir,
die sich Luft zufächern und

auskühlen. Sind Fremdkörper
über den Monitoren. Bewegtes
Etwas vor den Linsen. Was

wissen wir schon? Dass wir
Untote sind. Simuliertes
Gewebe. Dass wir hier und da

Nachrichten hinterlassen auf den
Wänden. Uns nachschauen.
Den Stellvertretern der Echtzeit.

Und das Ungetane, das Spuren hinterlässt.
Auf einem Randstein im Gehege. Restposten
jeder Verwitterung. Ohne Hintergedanke
oder die blasse, tonlose Nachricht darauf.

Verlass ist auf Felder, die brachliegen.
Unser Ort unscheinbar. Eine digitale Wolke
über Herbstzeitlosen. Immergrün. Auf dem
Bildschirmblick in die Tiefe, der uns eigen ist.

In Zeiten der Wahrnehmung, in denen
das Licht scheint. Falschfarben der Hände.
Sichtbar gemacht. Hinter Drahtlosnetzhäuten
oder den blinden Flecken der Sonne. Wir halten

den Regen für die Zeichensprache der Lebenden.
Wir gehen von Dingen aus, die haltlos sind, aber
Speicherplatz haben. Und wir lieben es, Bäume
herunterzuladen. In deren Zweigen wir spielen.

Fensterlotsen

Nachtflugverbot. In der
Einzelgängerzone vor meiner
Haustür fehlen Fledermäuse.
Wieder sehe ich auf dem
Touchscreen meines Fensters
den Flügelabdruck einer Amsel.

Mit den Fingern umkreise ich
mehrmals pro Stunde den Mond.
Auch das eine Form der Eingabe.
Ich drücke auf Stern und die
Taster der Tausendfüßer auf meinem
Balkon suchen im Halbdunkel nach Licht.

Weder ist der Raum
zwischen den Himmelskörpern
abends beheizt, noch dringt Trittschall
durch die abgehangenen Decken. Alles
an diesen Innenwänden
ist sphärisch verformt und nichts

davon auf Radarschirmen zu sehen.

Draussen vor

Verloren gehen. In den Ausgangssperren
hinter der Wohnungstür. Wo du bei dir
bist. Hinter den Fenstern zum Innenhof.

So werden wir nicht mehr schweifen über
ahornfarbenen Grund. Das graue Land
hinter den Abschiebekammern. Zu Haus

wird ab heute irgendwo sein. Wo dein
Bettzeug in der Luft hängt und die Jeans
im Wind vor sich hin trocknet. Flüchtig,

bis auch dieser Moment belichtet ist. Ein
Film verbraucht, der läuft. Wenn du
hinter den Vorhängen stehst und wartest,

dass jemand öffnet, wenn du anklopfst
von innen. Dass du bleiben möchtest.
Aber nichts mehr bleibt. Wo es hin gehört.

Honshu

Auf- und abgehende Sonne. Im Schatten der
Akazien seinen Einkauf verrichten. Dann
lautlos an den Regalen vorüber.
Kühlketten. Getürmtem Gewebe. Das
haltbarer ist als geschmolzene Stäbe.
Dahinter. Im Rotlicht. Kontrollbirnen.

Das Gefühl, freilebend zu sein, eine
Außenansicht im Tannengrünen.
Wahrheit. Liegt hier irgendwo in meeres-
tiefen Schieferplatten. Eingeritzt. Mein
Geigerzähler. Stundenlanges Metronom. Ich
singe Leiselieder. Knack den Tag. Auf eins.

So wie es sein muss, wenn man klingt
und niemand hört. Die Luft in Stillstand.
Heimlich. Wachsen Pilze. Unter Stahl.
Und sei's. Mein isolierter Traum
von Niemandsfernemland, das wahr
geworden ist. In dem ich also hundert Jahre bleibe.

Florians weiteste Reise

Ich gebe mich als Mensch aus, wenn jemand nach meinem Reisepass fragt. Ich sei hier nur Gast, zitiere ich ein Kirchenlied und durchschreite die Kontrollen. Schon öfter habe ich mir ein Leben genommen, aber inzwischen sage ich, dass es sinnlos ist. Ich lebe weiter in mir als je gedacht. Heute zum Beispiel fliege ich nach Rio. Im Ganzkörperscanner deutet vieles auf meine dunkleren Seiten. Der Sprengstoff, den ich unter meiner Leber trage, bleibt unentdeckt. Im Duty-Free-Shop kaufe ich Aftershave. Ich wolle mich über den Wolken rasieren, sage ich, denn Bart tragen dürfe so weit oben nur der liebe Gott. Vor Gate 18 lese ich eine Wochenzeitschrift. An Tag Nummer sieben steht geschrieben, das Wetter sei schön und der Himmel blau. Ich fliege Economy, obwohl die Börsenkurse fallen. Den Schwimmwesten traue ich meine Rettung zu, denn das Meer, glaube ich, ist der Ursprung allen Lebens. In Reihe 19 sitze ich im aufrechten Gang. Fensterplätze sind, wenn ich nach unten sehe, schlecht für meinen angeschlagenen Rücken. Ich denke zu oft an früher. In der Stadt meiner Träume werde ich Freunde besuchen, die ich nachts in meinem Bett kennenlernte. Vielleicht werden wir in Wirklichkeit einmal ausgehen und uns vorstellen, dass ich Florian sei und sie niemand. Ich werde Tomatensaft mit ihnen trinken und eine Havanna bestellen, wenn ich sie anzünde, in die Luft fliegen, mir auf dem Rückflug eine schönere Zeit machen, irgendwo in der ersten Klasse den Lehrer bitten, mir freizugeben, und mich fallen lassen. Ich werde an Stellen landen, die noch unentdeckt sind. Mich frei machen von den Abdrücken meiner Finger, hinter den Bäumen ein Foto schießen und meinen Reisepass erneuern. Ich werde den Boden küssen, meine Augen zum Himmel richten und sagen, ich sei der Stellvertreter Florians auf Erden.

Rollfelder

Auch ich lege über den sieben Hügeln der Vorgärten
Rasen aus. Den Antiquariaten hinterlasse ich
Staudenblätter auf Terrakottagefäßen. Nichts
unter den Formationen der Graugänse ist dem Zufall
überlassen, der Luftraum über den Erlen abgesperrt.
Ich schließe die Hecken. Mein waren die Beete schon,
als die Zaunammern noch in den Sträuchern lebten.

Was weiß ich von den Innereien der Sperber?
Die Zukunft, die in den Jahresringen meines
Brennholzes steht, ist von Klimasprüngen geprägt.
Jede andere Wahl als die meine wird angekreuzt.
Mein ungewisser Ausgang zum Hof. Wenn der
Rauch über dem Kamin umschlägt in eine andere
Farbe als Dunkelgrau, bin auch ich ausgezogen.

Das Land hinter dem Schuppen ist weiß geworden.
Die Tage, in denen ich auf Hüpfbällen über die
Waldränder flog, sind festgehalten in rotstichigen
Luftaufnahmen. Wenn ich verloren wirke über den
Wühlmauskratern, den Eiskristallschalen darin, dann
weil man in ihnen die Haut erkennt über den Regenbögen,
die sich um die Pupillen schließt, wenn man fertig ist.

Elixier 1920

Es gibt sie in Zentiliterfläschchen, die
Große Weltangst. Ich erhöhe meine
tägliche Dosis auf zwanzig Regentropfen.
Meine Hände zittern. Ich rauche.

Dieser Sonnenuntergang. Wenn die Kurse
fallen, spiele ich auf Zeit. Ich setze alles
auf Rot, drehe die Trommel und drücke ab.
Die Erde ist eine Kugel, sage ich, weil ich

Glück hatte. Die Nervosität hinterlässt ihre
subtilen Spuren. Ich beginne, meinen
abgemagerten Körper für einen Hungerlohn
zu verkaufen. Den Stoff brauche ich

für Träume. Wenn ich reich wäre, würde ich
Sekundenkleber nehmen und stundenlang
in mich reinziehen. Ich könnte mit einem
Bein an der Decke hängen und ausschlafen.

Magnificat

Wie ich bewegt bin. Hin und her.
Was ich im Schlaf erzählen kann. Ich
habe einen Mond und hundert Weiße Zwerge.
Mehr noch. Als der Tiefe meines Raumes lieb sein kann.

Mein Werdegang ist hier von einer Wand zur anderen.
Ich höre erste Schritte. Was mir nahegeht daran, das
sind die Katzenpfoten. Du, mein Kind, bist auch von
dieser Welt? Ich weiß noch, wie sie über meine Hände strich

und hinterrücks verschwand. Nie fand ich ihre Reste unter
Rädern. Gott, die Straßen sind Gepflasterte. Was kreucht und
fleucht und nichts mehr wird. Darauf ist stets Verlass. Ich
bin hier nur davongekommen, wo kein Stein mehr steht.

Was weiß man schon von sich und seinen Enden? Ich
ging zu Fuß die Treppe rauf und fiel aus allen Wolken.
So kam ich unter Menschen. Unter Land.

Aus alter Zeit

Betretenes Land.
Mein Onkel starb auf Tellerminen.
War ich klein?

Nur ungeboren unter
Löwenzahn, der wächst so schnell.
Mein Urgroßvater biss ins Gras.

Ich kam so chlorophyllgetränkt
zur Welt und liebte Sonnenschein.
Die Gräben waren tief.

Was war nicht alles grün?
Ich hab mich sattgesehen an den
Feldern. Ackerland ist hier,

wo Schlachtvieh haust. Ich
bin in dieser Lage gerne Gast
gewesen. Stand ich da

wie angewurzelt, als es
Regen gab? Und dieser Boden
aufgeweicht im Untergrund

mein Dasein fristete? Ich bin
verwachst, wie alle anderen auch.
Auf meinem Friedhof steht das Wasser

bis zum Hals. Ich mache gute
Miene hier. Zum bösen Spiel. Vom Land
bin ich. Zu Land bin ich. Betreten.

Rede aus heiterem Himmel

Meine verinnerlichte Distanz ist grenzenlos, und von Weitem betrachtet bin ich, was andere angeht oder mich, nur entfernt in meiner Nähe. Kennst du die Grünstreifenränder? Ich bin groß geworden unter hoch gewachsenen Hecken. Noch heute gehe ich, wenn das Unterholz knackt, einige Schritte zurück. Von draußen höre ich die Stimmen der Zaunkönige, deren Befehlen ich folge. Zur Verteidigung der Randgruppen bedarf es Grenzen. Eine davon läuft mitten durch meine Grundstücksparzelle. Die Halme, die ich hier pflanze, haben Widerhaken. Alles, was über sie hinweggeht, ohne Anteilnahme zu zeigen, bleibt früher oder später an ihnen hängen. Ich sammle regelmäßig das Gras gewordene Fleisch von ihren Oberflächen und begrabe die Hüllen in heimatlicher Erde. Auch der Sonnentau wächst, wenn die Menschen über ihn hinwegziehen. Alles Leben, das kommt oder geht, wird verdaut und verschwindet. Den Tagfaltern schreibe ich einen Nachruf auf die Unterseite der Butterblumen. Sie sind nicht umsonst gestorben. Sie fliegen voran. Die Gräben sind ausgehoben, der Krieg ist vorüber, ich singe. Du musst jetzt draußen bleiben und Regenwürmer hüten. Sie sind nach all den Jahren wichtiger denn je. Ich kenne die Licht- und Schattenseiten des Bodens. Achte auf die unsichtbaren Schlagbäume und das angefressene Laub! Ich würde, wenn ich du wäre, einige Steine mit meinem Namen markieren und der Nummer meines Hauses. In Sichtweite meiner Sträucher würde ich leben.

IV Im Wasserzeichen Tau

LAUDES

Es ist an dir. Die Nacht zum Tage machen heißt,
aus Diskotheken treten, hell erleuchtet. Taxistand.
Die Straßen ohne Wolken. Wo du hingehst. Sein.

Was dich bewegt, was dich umkreist hat, ist
mein Ein, mein Alles andere. So bist du oft
bei dir. Dass ich darin nicht heimisch bin. Nicht

Zeit mit dir verbringe. Nicht vergänglich.
Stundenlang. An deinen Schläfen bleibe. Tief
beatmet. Land und Meer und Häuser. Hinterrücks.

Nur eine kleine Weile, dann ein Wiederleben. Hin
zu allem. Neongrüner Tag. Und auf stehst du und
bist. Und bringst mir Augen mit und Angesehen Sein.

Canticum

Zu dir ist immer gut. Will so ich
heute Morgen sein. An deiner Seite
Seitenlage. Lange aus der Nacht.

So will ich sein wie du. Nicht
nächtelang am Tag, wenn alle
schlaflos sind. Nicht aufgewacht.

Nicht stundenlang. Umnachtet.
Ohne Grund. Will so bei dir und
nie mehr da. Will da gewesen sein.

Kosmisch

An den übrigen Haltestellen ist
Nacht. Die Sekunden, wie alle,
die in den Bus steigen, wenn die
Zeit drängt. Richtung Innenstadt.
Ich kenne den Weg durch die
Raumzeitkurven, wenn der Kopf
schwer fällt. In den Schräglagen
zwischen Körper und Fenster.
Die Lichtgeschwindigkeit einer
vorbeiziehenden Straßenlaterne.
Nur Randlage im Luftleeren. Aus
Augenwinkeln. Auf etwas,
das sich rührt hinter Glas. Dieses
komische Gefühl an den Schläfen.
Dass es andere gibt.

Die Zeit, die läuft, ist immer eine fremde.
Es sind nicht meine Andenken, die ich
mitnehme auf eine Reise. Kleinigkeiten,
die immer nur Fußnoten sind, wenn man
an einem der anderen Enden über die
Kreuzung geht. Es gibt: diese spurlose
Form der Verwüstung. In Eis neben den
Baustellen. Vor einem Standbild. Schnee,
der hier tiefer fällt als an jedem anderen Ort,
landet innerlich, aber grundlos. Wenn etwas
still steht in diesen Liegenschaften, dann die
weißgepunkteten Luftaufnahmen der Wolken.
Ich bin, was den Ausgang des Abends betrifft,
ein Wartender vor den Türen. Mein Ticket.
An den Lichtschaltern des Treppenhauses.
Die Koffer ziehe ich seitenverkehrt in mein Haus.
Es sind Äußerlichkeiten, die jetzt draußen sind.
Immer noch denke ich im Zeitraffer daran zurück.

Urban Life

Wenn ich eins wäre mit den Dingen und
Durst hätte, aber keinen Boden unter den
Füßen, um an einer Straßenkreuzung zu
halten und auf Grün zu warten, würde ich
Kopf stehen und auf Einmalhandschuhen
über die Sanddünen meiner Großbaustelle
ziehen. Bis eines Morgens hinter den
Pressluftspiegeln Palmzweige erschienen,
Brunnen zwischen den Taglichtgeneratoren,
die Wasser enthielten, aber eine Täuschung
wären, eine Fata Morgana der Gehwege links
unter den Stahlgerüsten. Unnahbar, wenn
ich reglos bin, bis in den Abend hinein, die
Nacht, die man im Windschatten des Mondes
verbringt. Bis einem der Regen leichter fällt.
Wenn es Zeit wird zu sehen. Oder später.

Lesung der Briefe

Ich selbst halte Rechnungen in Händen
(was ich ausgegeben habe, das habe ich
ausgegeben). Meinen weißen Tauben
stecke ich Geld in den Schnabel und
bitte sie, Stillschweigen zu bewahren
über mich. Während des Flugs schalte
ich mein Handy aus und bewege mich
kaum. Die Tiere landen am späten
Nachmittag, wenn die Sonne hinter
den Bäumen verschwindet. Die meisten
legen das Geld unter die Fußmatte der
Eingangstür und sind abends zurück.
Manche von ihnen tragen Zweige in ihren
Schnäbeln. Die Zeichen stehen auf Land.

Gomera

An anderer Stelle ist Glas mit Blick auf die Bimssteinfassaden.
In Erdgeschosswohnungen. Lavastromabwärts. Ein Strand.
Halt den Mond eine Stunde auf Abstand. So brechen wir auf.

Die Oberleitung des Südwinds. Ein halbes Gesicht in den
Wintergärten. Lichtdurchflutete Algen. Wir fühlen. Den
ausgezogenen Arm, der im Zugvogelrhythmus der Flügel

menschlicher wird als das Meer. Wir werden. An anderen Stellen
ein Nachtschattenspiel an efeuverhangenen Mauerresten. Wir
atmen das Jod aus den Wolken und sind vor den Klippenmöwen

zu Haus.

Im Tauchgang

Die Stellwände aus Grünzeug. Planktonische
Liebe. Ich verehre Meeresbewohner ohne die
Schwimmkörper der Wale. Meine Wellenlänge
im unsichtbaren Inneren einer Tiefseekoralle,
dem aphotischen Bereich meiner Ohnmacht.
Atemlos ineinander versunken. Auf den
Dunkelziffern einer Seemannsuhr. Backbord.
Jeder Längengrad Temperatur in den Adern.
Über den Weichgeweben meines Untergrunds.
Ich halte mich fest an den Armen der Seesterne
und den funkelnden Augen der Mondfische.
Meine Bewegung auf pazifischen Rücken. Auch
die Gräben dazwischen menschlicher Natur. In
den Auftauchphasen. Den Leuchtstoffbögen am
unteren Ende des Wasserspiegels. Streife den Tang
aus den Haaren. Mich rührt jede raue, salzige Haut.

Ein Traum ist es

im Windschatten hinter den Palmzweigen zu
leben und mit fliegenden Fischen Luft zu schnappen
über den Parabolantennen einer Wohnanlage.

Es ist das schmale Zeitfenster zum Innenhof,
durch das wir sehen, wenn wir an Sandstränden
spazieren. Spätabends neben den Wellen.

Kurz angebunden sind wir, sollten die Möwen
uns rufen. An manchen Tagen lassen wir Drachen
steigen und die Schnüre laufen bis hinter das Riff.

Die Tiere bleiben auf Abstand, wenn wir heim
kehren und fern sehen. Den Wasserschaden an den
Wänden beheben wir mit dem Rauschen der Lüfter.

Meerenge

Und was wir von Haus aus sind.
Ein Seeblick im Zeichen der Waage.
Im Schwebezustand der Mauersegler
eine Handvoll Sauerstoff in den
Lungenflügeln. Drei Milligramm Reet.

Noch haben wir niemanden, der
im Landkreis der Krater nach Magma
sucht. Verschwommen. Aus toten
Winkeln der Theodolite.
Über Dachstühlen jede Schräge des
Mondes. Wir haben

die Überstunden nach Abzug der
Schwalben mit Süßgras befüllt. Die
Schornsteine der Weißstorchpaare
sind frei geworden für Rauch.

Letzte Nacht

Es war dieses Fingerspitzengefühl auf deiner Haut,
das sich einstellte, wenn man dir nahekam. Über
dem Hals zum Beispiel, der unmerklich – aber
pars pro toto – für dich stand. Nur gelegentlich
konnte man, abends vor allen Dingen, spüren,
dass etwas dir über die Zunge kam. Die Lippen.
Dann wischte man mit angefeuchteten Tüchern
über deinen Mund. Während du fernsahst. Etwas,
das aussah wie ein Kreis oder Stern, der jetzt in
deinem Gesicht stand. So konnte man
in einem der fallenden Abendblätter lesen, dass
der Mond über dem Schützen aufgehe und
allmählich in dein Zimmer scheine. Für ein
Licht auf die trüben Linsen. All die Krater und
Furchen erinnerten an Bestandsaufnahmen. An
Röntgen- und Spiegelbildliches im Dimmerlicht
einer kleinen, verrauchten Lunge. Nach der Sperr-
stunde. Der letzten Ölung einer Kneipentür, die dir
dort, im Augenblick deines Nach-Hause-Weges, zu-
oder einfach nur eingefallen war. So sehr lief jetzt
jeder Film über deinen Augen noch einmal an dir ab.
Die Mitwirkenden, die im Abspann ihre Erwähnung
fanden. Die Haupt- und Nebenrollen unter den
Stühlen. Die Gitter und Stäbe. Alles vor und
hinter deinem Rücken Gewesene. Hin und zurück
durch dein Haar Gefahrene. Jedes Streicheln, Streichen.
Alles Kuscheln und Kuschen. Zur Ruhe gesetzte,
all das schlafen gelegte, sedierte, traumhafte Leben.

Sag zu den Endlosblättern Du. Du
wirst ein langes Leben haben.
Lange schreibe ich. Bis in den Wind.

So lebt man fort und fort und über beide Ohren.

Im Wasserzeichen Tau. Noch mehr als
hundert Wörter sagen Binsen. Du. Was
weiß man von der Außenhaut der Wolken?

Im Inneren zieht jeder vor sich hin.

Inhalt

III Den Stellvertretern der Echtzeit

IV Im Wasserzeichen Tau

Patrick Beck
Das Skelett des Moments
ISBN 978-3-86906-722-3, 96 S., Paperback, € 11.50

Martin Bieri
Europa, Tektonik des Kapitals
ISBN 978-3-86906-723-0, 96 S., Hardcover, € 18.50

Wolfram Malte Fues
InZwischen
Mit Zeichnungen von Titz
ISBN 978-3-86906-671-4, 128 S., Paperback, € 16.50

Markus Hallinger
Das Eigene
ISBN 978-3-86906-470-3, 88 S., Paperback, € 9.50

Georg Heym
Ich bin von dem grauen Elend ganz zerfressen
Anthologie, herausgegeben von Florian Voß
ISBN 978-3-86906-373-7, 88 S., Paperback, € 11.50

Marius Hulpe
Einmal werden wir
ISBN 978-3-86906-508-3, 112 S., Paperback, € 12.50

Ulrich Koch
Selbstgespräch mit niemand
ISBN 978-3-86906-676-9, 84 S., Paperback, € 9.50

Boris Preckwitz
Kampfansage
ISBN 978-3-86906-588-5, 72 S., Klappenbroschur, € 12.50

Florian Voß (Hg.)
Weltkrieg!
Gefallene Dichter 1914–1918
ISBN 978-3-86906-633-2, 72 S., Paperback, € 9.90